ECONOMIA
LEVADA
A SÉRIO

ECONOMIA LEVADA A SÉRIO

Dean Baker

Tradução de
Marcelo Brandão Cipolla

wmf **martinsfontes**

SÃO PAULO 2011

Esta obra foi publicada originalmente em inglês (USA) com o título
TAKING ECONOMICS SERIOUSLY
por The MIT Press
Copyright © 2010 Massachusetts Institute of Technology.
Todos os direitos reservados. Este livro não pode ser reproduzido, no todo ou em parte, armazenado em sistemas eletrônicos recuperáveis nem transmitido por nenhuma forma ou meio eletrônico, mecânico ou outros, sem a prévia autorização por escrito do editor.
Copyright © 2011, Editora WMF Martins Fontes Ltda.,
São Paulo, para a presente edição.

1ª edição *2011*

Tradução MARCELO BRANDÃO CIPOLLA
Revisão da tradução Monica Stahel
Acompanhamento editorial Márcia Leme
Preparação do original Maria Luiza Favret
Revisões gráficas Débora Bortoletti, Sandra Cortes
Edição de arte Katia Harumi Terasaka
Produção gráfica Geraldo Alves
Paginação Moacir Katsumi Matsusaki

Dados Internacionais de Catalogação na Publicação (CIP)
(Câmara Brasileira do Livro, SP, Brasil)

Baker, Dean
  Economia levada a sério / Dean Baker ; tradução de Marcelo Brandão Cipolla. – São Paulo : Editora WMF Martins Fontes, 2011.

  Título original: Taking Economics Seriously
  ISBN 978-85-7827-456-6

  1. Economia I. Título.

11-08414   CDD-330

Índices para catálogo sistemático:
1. Economia   330

Todos os direitos desta edição reservados à
Editora WMF Martins Fontes Ltda.
Rua Prof. Laerte Ramos de Carvalho, 133 01325.030 São Paulo SP Brasil
Tel. (11) 3293.8150 Fax (11) 3101.1042
e-mail: info@wmfmartinsfontes.com.br http://www.wmfmartinsfontes.com.br

Dedicado à esperança de que possamos pensar a política econômica de um modo que não acabe sempre favorecendo os ricos e poderosos.

SUMÁRIO

1 O mito do livre mercado 1

2 Imperícia médica 23

3 A teoria dos grandes bancos 59

4 Uma economia para todos 95

Agradecimentos 103

1
*O mito do
livre mercado*

O EXTRAORDINÁRIO COLAPSO FINANCEIRO de 2008 costuma ser descrito como uma confirmação do fracasso da desregulamentação. Os acontecimentos confirmaram, de fato, um fracasso: o de um programa de políticas públicas. Pôr a culpa na desregulamentação é um erro.

Em geral, os debates políticos sobre a regulamentação têm se limitado, erroneamente, a discussões acerca da extensão da regulamentação governamental. Parte-se do pressuposto de que os conservadores preferem que esta regulamentação seja menor, e os liberais, que seja maior. A verdade é que nem sempre os conservadores preferem que ela seja menor, nem os liberais desejam que seja maior. Os primeiros apoiam estruturas reguladoras que provocam o fluxo ascendente da renda, enquanto os últimos apoiam aquelas que promovem a igualdade. Uma regulamentação "menor" não implica uma desigualdade maior, e vice-versa.

Restringir os debates sobre a regulamentação como uma questão de "maior" ou "menor" não é apenas inadequado. Também faz a discussão tender para posições conservadoras, caracterizando uma estrutura regulatória extremamente invasiva – é o caso das leis de patentes e direitos autorais, por exemplo – como elemento do livre mercado. Nos últimos vinte anos, nos campos dos seguros e do mercado financeiro, os apelos pela desregulamentação têm sido usados para encobrir normas que favorecem de modo claro os interesses empresariais. E as recentes mudanças na lei de falências, exaltadas pelos conservadores, exigem um envolvimento muito maior do Estado na economia. Também nos debates sobre o sistema de saúde as estruturas reguladoras invasivas fizeram até os economistas ignorar os próprios princípios básicos, dando imensa vantagem aos interesses empresariais. Na economia americana, o livre mercado não existe. As estruturas que regulam a economia com mão de ferro são simplesmente encaradas como inevitáveis.

O debate público sobre a regulamentação governamental foi, assim, circunscrito por falsas proposições ideológicas que nos impediram de enxergar a ampla gama de alternativas que temos à disposição. Sem essas proposições, o que poderia orientar a política reguladora? Quais alternativas escolheríamos? Neste livro, procuro mostrar o que poderíamos ganhar alterando o foco do debate.

Consideremos a proteção às patentes e aos direitos autorais. Não é possível discutir a sério os méritos das patentes e dos direitos autorais sem antes reconhecer que se trata de políticas públicas, e não de características intrínsecas do livre mercado. Os debates sobre esses temas foram imensamente distorcidos pela incapacidade de reconhecer esse fato óbvio.

Não importa que as patentes e os direitos autorais sejam chamados de "propriedade", nem que um artigo da Constituição norte-americana autorize o Congresso a conceder patentes e reconhecer direitos autorais. Vamos supor que seja dado aos trabalhadores da indústria automobilística um direito de propriedade sobre um emprego nesse setor, e que eles possam até mesmo vender esse direito. Alguém diria que esse direito faz parte do livre mercado?

As patentes e os direitos autorais são proteções que o Estado concede em vista de uma finalidade pública específica, assim qualificada na Constituição: "promover o progresso da ciência e das artes úteis". Mas a concessão de direitos de propriedade intelectual é apenas um entre muitos mecanismos pelos quais essa importante meta pode ser alcançada. A questão de saber se esse é o mecanismo mais eficaz para a promoção das artes e ciências é empírica, e a resposta pode variar em função das circunstâncias sociais e econômicas. Esses mecanismos específicos também precisam de um regime de imposição coercitiva, o que gera um desperdício econômico substancial.

Consideremos a situação dos direitos autorais (as patentes serão discutidas em detalhes no capítulo 2). Na era da Internet, praticamente qualquer material impresso ou gravado – músicas, filmes, livros, *videogames* – pode ser transferido instantaneamente para qualquer lugar do mundo quase sem nenhum custo. Entretanto, em vez de permitir que o público goze de todos os benefícios dessa tecnologia, o Estado criou um aparato estonteante de novas leis e restrições destinado a tornar mais difícil, e mais arriscada em termos jurídicos, a transmissão de materiais protegidos por direitos autorais.

Para preservar os direitos autorais, o Estado impôs um regime agressivo de sanções até a quem pratica transgressões relativamente pouco importantes. Uma mulher de Minnesota, por exemplo, precisou pagar uma multa de mais de 200 mil dólares por ter deixado que outras pessoas baixassem músicas de seu computador. As universidades foram instruídas a policiar seus alojamentos para tentar impedir que os alunos baixassem arquivos protegidos por direitos autorais. As instituições públicas foram estimuladas a oferecer cursos em que se ensina que é errado fazer cópias não autorizadas de materiais sujeitos aos direitos de autor.

O Estado proibiu várias vezes a produção de certos tipos de *hardware* até que fosse possível acrescentar-lhes dispositivos que impedissem a reprodução de material protegido, e vetou o desenvolvimento de *softwares* capazes de corromper esses dispositivos de segurança. Em um famoso incidente, Dmitry Sklyarov, cientista russo especializado em informática, foi preso pelo FBI depois de descrever, durante uma conferência, uma maneira de contornar um tipo de proteção aos direitos autorais.

A lista de medidas extraordinárias tomadas pelo Estado para intensificar a proteção aos direitos de autor é bem extensa. É digno de nota que essas medidas nunca sejam descritas como formas de regulamentação governamental, mas sim como medidas coercitivas necessárias para proteger os direitos de propriedade intelectual. Entretanto, um monopólio garantido pelo Estado por meio de extensa legislação e forte ação coercitiva não é o único meio de incentivar a criatividade.

Grande quantidade de obras criativas e artísticas é apoiada por mecanismos que não dependem da proteção dos direitos autorais. As fundações privadas são importante fonte alternativa de apoio, assim como os modestos financiamentos fornecidos por programas públicos, como os National Endowments for the Arts and Humanities. As faculdades e universidades talvez sejam a maior fonte de financiamento que não depende do sistema de direitos autorais. Além de suas responsabilidades de ensino, os professores contratados têm a obrigação de pesquisar e publicar seus artigos.

É fácil vislumbrar mecanismos que ampliem o apoio ao trabalho artístico e criativo, além do regime de direito autoral. Seria possível, por exemplo, criar um crédito tributário para indivíduos que ou apoiam diretamente o trabalho criativo ou contribuem para organizações que o fazem. O crédito poderia seguir o modelo da dedução de imposto em favor de obras de caridade ou associações sem fins lucrativos. Mesmo um crédito bastante modesto (100 dólares por pessoa, por exemplo) – que os contribuintes pudessem destinar ao artista, escritor, músico ou produtor cinematográfico de sua preferência – talvez fosse suficiente para financiar todas as obras atualmente produzidas pelo sistema de direitos de autor.

Alternativas aos direitos autorais são viáveis e provavelmente muito mais eficazes que esse sistema. E substituiriam uma série gigantesca de medidas coercitivas que podem ser entendidas como formas desnecessárias de intervenção do Estado na economia.

Outro exemplo de regulamentação governamental excessiva, nunca discutida como tal, é a lei de reforma das falências aprovada pelo Congresso norte-americano em 2005. Com essa lei, as condições impostas àqueles que buscam a proteção da falência ficaram substancialmente mais pesadas, tornando muito menos atraente essa opção.

Não há dúvida de que a lei de falências teve boa repercussão entre os que pensam que o êxito ou o fracasso das pessoas resultam sobretudo de suas ações. No entanto, o mais importante é que ela ocultava a verdadeira questão suscitada pela lei: até que ponto o Estado deve cobrar dívidas pendentes? Nesse contexto, quem busca a ajuda do Estado não é o devedor, mas o credor.

A nova lei aumentou de modo considerável o direito dos credores aos ganhos futuros. Isso significa que o Estado agora está muito mais envolvido do que antes na cobrança de dívidas e talvez monitore os salários de milhões de indivíduos falidos que ainda devem para credores. (Para os que se preocupam com os incentivos negativos associados à tributação, vale observar que a dedução de uma parcela do salário para pagar o credor desestimula o trabalho do mesmo modo que a cobrança de um tributo.)

Há muitos outros casos de regulamentação governamental excessiva, nunca discutidos como tais, em que os conservadores comprovadamente exigem maior envolvimento do Estado na economia do que os liberais. Há anos a empresa Ben and Jerry's Homemade, fabricante de sorvetes, combate as tentativas de certos governos estaduais de proibir que os laticínios sejam rotulados como "isentos de hormônio de crescimento bovino recombinante" (HCBr). Alguns grupos de pressão associados à indústria de laticínios alegam que o rótulo "isento de HCBr" implica que os hormônios de crescimento bovino são nocivos, o que não foi declarado pela FDA (Food and Drug Administration, agência regulamentadora de alimentos e medicamentos dos Estados Unidos). É claro que a Ben and Jerry's Homemade não está tentando impedir os concorrentes de garantir ao público que o consumo dos sorvetes deles é seguro. Está tentando fazer uma afirmação verídica sobre o sorvete que produz.

Do mesmo modo, o Ministério da Agricultura dos Estados Unidos proibiu há pouco tempo um abatedouro de submeter o gado ao teste de detecção da doença da vaca louca. O abatedouro queria fazer o teste, por conta própria, em todo o seu gado, mas o Ministério da Agricultura só testa um por cento do gado do país. Alegando que aplicar o teste a todos os animais desse abatedouro levaria o público a questionar a salubridade das outras carnes, o Ministério acabou proibindo a realização do teste.

A desregulamentação pode até ser uma posição de princípio defendida por quem realmente acredita no livre mercado. Mas a verdade é que nem um lado nem o outro costuma argumentar contra a regulamentação como tal. A verdadeira questão é a estrutura da regulamentação e seus efeitos sobre os resultados econômicos, em especial sobre a distribuição de renda.

Nas décadas que antecederam o colapso financeiro, por exemplo, as regulamentações destinadas a proteger o público e garantir a estabilidade do sistema financeiro ficaram muito enfraquecidas, mas o sistema estava (e ainda está) muito longe de se desregulamentar.

Em Wall Street desejava-se uma regulamentação unilateral que garantisse uma imensa rede de segurança do Estado – o princípio do "grande demais para falir" (GDPF) –, sem nenhum custo ou condição. O Citigroup, o Goldman Sachs e o J. P. Morgan jamais fizeram *lobby* no Congresso para que o princípio do GDPF fosse explicitamente repudiado. E embora muitos tenham perdido o emprego em Wall Street quando a bolha estourou, as dezenas ou centenas de milhões de dólares que os executivos dos bancos ganharam nos bons tempos ficaram para eles. Mesmo com o colapso do mercado, é quase certo que a maioria desses executivos está mais rica do que se tivesse trabalhado honestamente nos últimos dez anos.

Se o verdadeiro debate é sobre o tipo de regulamentação, e não sobre sua extensão, por que ele é sempre formulado nos termos desta última? Para os conservadores, a resposta é evidente. Muitos norte-americanos apoiam a ideia do livre mercado e nutrem profunda aversão pelo Estado. A fé no Estado aumenta ou diminui até em épocas mais liberais. Nessas circunstâncias, sempre é vantajoso associar uma posição política ao apoio ao livre mercado.

É menos clara a razão pela qual os liberais aceitam uma caricatura tão perniciosa. A resposta exige que se examine um pouco mais a fundo o que a posição que assumem subentende acerca da natureza da economia e dos resultados econômicos.

Os liberais, como os conservadores, em geral reconhecem que as pessoas progridem em razão de sua habilidade e de seu trabalho, com certa ajuda da sorte. A principal diferença entre a concepção liberal e a concepção conservadora da economia é que os liberais tendem mais a acreditar que muitas pessoas enfrentam graves obstáculos ao sucesso e não têm as mesmas oportunidades do que aquelas que já pertencem a estratos mais ricos. Também tendem a se sentir culpados pelas diferenças de oportunidades, e por isso apoiam medidas políticas que poderão reduzir a diferença e ajudar os que estão em condição social inferior. Por outro lado, a maioria dos liberais ainda aceita a ideia de que a distribuição de renda é fundamentalmente determinada pelo mercado e não por decisões políticas consubstanciadas em regulamentações como as leis de patentes, direitos autorais e falências.

Mas e se aceitássemos a tese de que praticamente todas as facetas da economia são moldadas por atos e programas políticos que poderiam ser alterados com facilidade? Os banqueiros de investimentos enriquecem imensamente porque o Estado lhes oferece a proteção do GDPF, mas não impõe em troca nenhuma regulação que exija deles um pouco de prudência. Bill Gates enriquece imensamente porque, por meio dos direitos autorais e das patentes, o Estado lhe concede o monopólio sobre o sistema operacional usado em 90 por cento dos computadores do mundo (pelo menos até há algum tempo).

Os médicos são bem pagos porque gozam de proteção contra a concorrência internacional, ao contrário de profissionais politicamente menos bem relacionados. O mesmo vale para advogados e outros profissionais liberais bem pagos. Seus altos salários dependem menos da habilidade e do esforço e mais da possibilidade de estruturar mercados de trabalho, o que falta aos operários dos setores automobilístico e têxtil ou aos motoristas de táxi.

Uma longa lista de exigências de credenciamento profissional – muitas das quais nada têm a ver com a preservação de um padrão de qualidade – dificulta o trabalho de profissionais liberais estrangeiros nos Estados Unidos. Enquanto acordos comerciais como o Nafta (North American Free Trade – Tratado Norte-Americano de Livre Comércio) foram concebidos explicitamente para derrubar as barreiras institucionais que impedem os investimentos nos países em desenvolvimento e a livre importação de produtos manufaturados pelos Estados Unidos, não houve esforço análogo para reduzir ou eliminar os obstáculos que impedem profissionais liberais de excelente formação, provindos dos países em desenvolvimento, de praticar sua profissão nesse país. Muitos profissionais liberais ambiciosos oriundos dos países em desenvolvimento conseguem superar essas barreiras, mas os profissionais norte-americanos ainda gozam de muito mais proteção contra a concorrência internacional do que os trabalhadores com menor grau de instrução.

A QUESTÃO DA MAIOR OU MENOR REGULAMENTAÇÃO corrobora a premissa da preexistência de um mercado não regulamentado que alguns gostariam de controlar, ao passo que outros prefeririam deixar livre. Essas noções são compatíveis com a ideia de que as grandes desigualdades de distribuição de renda resultam das forças de mercado. Porém, como mostram os exemplos anteriores, na realidade ninguém está falando de um mercado não regulado – ao contrário, todos estamos discutindo a quem a regulamentação deve beneficiar. A distribuição de renda nunca antecedeu a intervenção do Estado.

O Estado está sempre presente, conduzindo os benefícios em direções diferentes, dependendo de quem governa. A aceitação dessa visão oferece um ponto de vista político muito mais adequado à defesa da regulamentação progressista. Afinal de contas, os conservadores também querem a mão forte do Estado no mercado, mas desejam que todos os benefícios vão para os que estão no topo.

Essa visão ampla da regulamentação põe tudo em questão, inclusive os altos salários de muitos que defendem a posição liberal. Será que os liberais realmente querem que perguntemos se, ao removermos as barreiras ao exercício das profissões de médico e advogado, podemos gozar os mesmos benefícios econômicos que obtemos ao remover as barreiras referentes a roupas e automóveis? Também os liberais têm interesse na ofuscação provocada pelo menos *versus* mais.

Mesmo assim, é quase certo que a catástrofe produzida pela desregulamentação unilateral do setor financeiro, associada a uma longa lista de fracassos da regulamentação em outras áreas, conduzirá a uma séria reformulação das políticas reguladoras nos anos vindouros. Resta saber se essa reformulação irá além do debate já conhecido. Sabemos que, quando sairmos da crise atual, a economia estará amplamente regulamentada. A pergunta é: em benefício de quem? Se voltarmos aos fundamentos, veremos que temos escolha.

2
Imperícia médica

Os princípios fundamentais da economia nos dizem que os bens devem ser vendidos ao custo marginal de produção – o custo de produzir mais uma unidade do mesmo bem. Se uma empresa precisa pagar 20 dólares pelo material e pelo trabalho necessários para produzir mais uma camisa, as camisas devem ser vendidas por 20 dólares mais uma pequena margem de lucro. O princípio da igualdade entre o preço e o custo marginal maximiza a eficiência econômica e limita as oportunidades de fraude e corrupção. Baseados nesse princípio, os economistas também defendem com veemência a globalização: a eliminação de barreiras comerciais permite que os consumidores comprem bens e serviços onde estes são mais baratos, maximizando a eficiência e a produção globais.

Infelizmente, quando se trata de assistência à saúde, esses princípios são rotineiramente violados. Não há dúvida de que no debate de 2009 sobre a assistência à saúde pouco se discutiu a reformulação do sistema de modo que os preços se aproximassem do custo marginal. O poder dos interesses corporativos era tão grande, e o modo atual de pensar tão arraigado, que quase não se levaram em conta com seriedade as implicações desse princípio básico da economia para o setor da saúde.

Medicamentos vendidos mediante apresentação de receita médica, que poderiam ser fabricados e vendidos com lucro de poucos dólares por prescrição, às vezes são comercializados por milhares de dólares. A realização de mais uma tomografia ou outro exame médico pode custar alguns centavos de eletricidade e uns 200 dólares para o médico ou o técnico. Entretanto, os procedimentos de diagnóstico também podem custar milhares de dólares. Os preços em geral estão muito acima do custo marginal, mas os economistas envolvidos na reforma do sistema de saúde raramente reconhecem isso como um problema.

Também não mostram o zelo habitualmente dispensado ao comércio. Os sistemas de saúde podem ter características que os tornam próprios de cada lugar, mas a globalização oferece clara oportunidade de ganho. Especificamente, o sistema de saúde poderia aproveitar melhor os médicos e os profissionais de saúde estrangeiros, que podem ser formados a um custo muito mais baixo nos países em desenvolvimento do que nos Estados Unidos. E é simples criar mecanismos que aumentem o número de pessoas formadas para suprir tanto os Estados Unidos quanto os países em desenvolvimento com mais médicos e profissionais de saúde. Também devemos levar em conta que a globalização proporciona às pessoas a oportunidade de obter assistência médica onde ela é mais barata, fenômeno que já vem acontecendo em certa medida com o crescimento do "turismo médico".

Por demais ignorados, os princípios econômicos básicos da equivalência entre o preço e o custo marginal e do livre comércio têm muito a oferecer na área da saúde. Precisam ser postos em discussão.

VAMOS SUPOR QUE SE DIAGNOSTIQUE UM tipo de câncer raro e potencialmente fatal em uma pessoa. Essa pessoa tem 80 anos e, no mais, goza de boa saúde. Um medicamento sem graves efeitos colaterais e com índice incerto de eficácia custa 200 mil dólares por ano (preço real de alguns medicamentos contra o câncer desenvolvidos recentemente). Será que a família deve batalhar para arranjar dinheiro para o tratamento? Ou será que uma empresa de seguros ou o Estado devem ser obrigados a arcar com as despesas? Será que esse tratamento deve ser negado?

Essas perguntas não têm resposta simples. A decisão de deixar um ente querido morrer quando é possível a cura perseguiria a família para sempre. Entretanto, individualmente e como sociedade, sabemos que nossos gastos com assistência médica têm um limite. Vamos supor que gastemos os 200 mil dólares e o paciente morra de qualquer jeito em seis meses. Será esse um bom uso do dinheiro – nosso ou de qualquer outra pessoa ou entidade – em um mundo em que crianças pobres vivem em habitações precárias, sem cuidados e até sem se alimentar todos os dias?

Mas vamos mudar um pouco a história. Se um ano de medicamento custa 200 dólares, o cálculo de repente se torna muito mais fácil. Com uma esperança razoável de benefício, é certo que um plano de saúde ou o Estado arcariam com as despesas, se estas não fossem pagas pela própria família.

A redução do preço para 200 dólares não é nem prestidigitação nem fantasia: é uma equiparação entre o preço e o custo marginal. Os medicamentos de marca, vendidos a centenas ou milhares de dólares por prescrição, não são quimicamente diferentes daqueles que podem ser adquiridos por 4 dólares nas prateleiras do Wal-Mart. Poucos medicamentos têm custo elevado de manufatura e distribuição. Se um ano de medicamento contra o câncer custa 200 mil dólares, isto acontece porque o Estado concede ao laboratório um monopólio sobre as patentes como incentivo para o desenvolvimento de novos medicamentos. Sem o monopólio, o novo medicamento poderia ser um dos milhares de genéricos de baixo preço.

Os compêndios de ciência econômica estão cheios de gráficos que mostram que as barreiras comerciais que aumentam em 10 a 20 por cento acima do custo marginal os preços de camisas e sapatos levam à ineficiência econômica e tornam menos produtiva a economia como um todo. Os mesmos gráficos mostrariam grandes perdas quando a proteção governamental a patentes fizesse elevar os preços de medicamentos e equipamentos médicos acima do custo marginal – a uma razão de 1.000 por cento, 10 mil por cento e, em alguns casos, 100 mil por cento. Alguns medicamentos contra o câncer, como o Avastin e o Erbitux, têm um preço particularmente alto.

Contudo, mesmo nos cursos básicos de economia, a ineficiência direta, associada à fixação de preços acima do custo marginal, é apenas o início da história. Quando a interferência do Estado faz que o preço de qualquer produto seja fixado acima de seu custo marginal, cria-se também a oportunidade para a busca de privilégios de monopólio – de lucros suplementares, graças à escassez artificial. A disponibilidade dos privilégios leva os produtores a empreender atividades não produtivas, na tentativa de maximizar sua participação nos lucros excedentes. Essas atividades são o *lobby* político, o investimento em processos judiciais caríssimos, a propaganda, o marketing e, no caso dos medicamentos vendidos mediante receita e dos equipamentos médicos, a possível supressão de dados importantes sobre a eficácia e a salubridade dos produtos. Como prevê a teoria econômica, todas essas formas de busca de privilégios são abundantes nos setores de produção de medicamentos e equipamentos médicos.

O setor farmacêutico sempre investe de maneira intensa em campanhas políticas. Não é de surpreender, pois os atos do Estado afetam diretamente sua lucratividade. A Lei de

Modernização do Medicare, por exemplo, que criou um benefício para a compra de medicamentos vendidos mediante receita, foi formulada em grande medida para atender às necessidades do setor farmacêutico. Pouquíssimo tempo depois da aprovação da lei, o deputado Billy Tauzin, que era presidente da Comissão de Energia e Comércio da Câmara dos Deputados, tornou-se presidente do Pharmaceutical Research and Manufacturers of America (PhRMA – Fabricantes e Pesquisadores Farmacêuticos dos Estados Unidos), grupo de *lobby* do setor, como recompensa por ter levado o projeto de lei a plenário.

O setor também se dedica com regularidade a lutar pela extensão e pelo aprofundamento de suas patentes. O alargamento do prazo ou a intensificação da proteção às patentes podem acarretar grande aumento de lucros. E as empresas trabalham para garantir acesso fácil (e idealmente sem custo) às pesquisas financiadas pelos contribuintes por meio dos National Institutes of Health (NIH – Institutos Nacionais de Saúde) e outras instituições públicas. Além disso, a indústria farmacêutica tem por certo que o governo norte-americano vai representá-la nas negociações com outros países. As medidas que impõem a esses países a proteção das patentes de medicamentos se destacam em praticamente todos os acordos de comércio negociados nos últimos vinte anos.

O setor farmacêutico pode contar com um excelente retorno para seus investimentos em influência política nos estados, onde se decide quais medicamentos serão cobertos pelo Medicaid e outros programas estaduais de assistência médica. Além da demanda direta gerada pela extensão da cobertura estadual do Medicaid a um novo remédio, as práticas de cobertura de medicamentos dos programas estaduais ajudam a pressionar os planos de saúde privados, que também acabam fornecendo esses medicamentos a seus segurados.

O setor também pode esperar retornos de suas ações judiciais para fazer valer ou ampliar a proteção oferecida pelas patentes. Os laboratórios de marca costumam impetrar ações civis contra os fabricantes de genéricos, mesmo quando estes só entram no mercado depois de expirada uma patente. Em geral, o laboratório de marca tem um fundamento legal para mover a ação, visto que sempre haverá algum indício plausível de que a patente foi infringida. (É comum várias patentes se aplicarem ao mesmo medicamento.) Mas os ganhos potenciais para uma e outra parte são muitíssimo assimétricos. O laboratório de marca busca assegurar o direito de vender seu produto a um preço protegido pela patente, ao passo que o fabricante de genéricos pretende adquirir o direito de vender em um mercado competitivo. Por causa disso, o fabricante de genéricos com frequência faz concessões simplesmente para ter sossego. Em alguns casos, pode renunciar por completo ao direito de competir, concluindo que os lucros potenciais não compensarão o custo dos procedimentos legais*. Os laboratórios de marca têm muito dinheiro à disposição.

E a busca de privilégios não se limita à pressão política e à intimidação judicial. Não é segredo que as empresas farmacêuticas consideram lucrativas as grandes campanhas de propaganda e marketing. O setor gasta com propaganda e marketing quase o mesmo que gasta com pesquisa. Seus anúncios dominam os intervalos comerciais nos noticiários de televisão, estimulando os espectadores a pedir ao

---

* Nos Estados Unidos, ao contrário do Brasil, os custos das ações judiciais devem ser arcados pelas duas partes, independentemente de vitória ou derrota. Por isso, ainda que uma parte tenha expectativa razoável de vitória, às vezes ela não tem fundos suficientes para levar adiante o procedimento judicial, visto que não será ressarcida pela parte contrária, mesmo que obtenha ganho de causa. (N. do T.)

médico determinados remédios para artrite, doenças cardíacas e muitas outras afecções comuns. Os pacientes não são capazes de avaliar as qualidades de um medicamento com base em um anúncio comercial, mas o setor farmacêutico espera que os médicos receitem os medicamentos solicitados. Esse caminho decerto não leva aos melhores resultados médicos.

Outro aspecto do esforço de marketing do setor é o trabalho de seus representantes comerciais, dezenas de milhares de trabalhadores de base que vão de consultório a consultório para divulgar os medicamentos mais recentes. Supostamente, oferecem aos médicos informações importantes sobre medicamentos desconhecidos. Na realidade, poucos sabem a respeito dos medicamentos e são contratados por sua habilidade para vender. Com efeito, o setor se especializou em contratar ex-chefes de torcida, que em geral são atraentes e capazes de promover um produto com entusiasmo.

Talvez a forma mais perniciosa de busca de privilégios por parte da indústria farmacêutica ocorra quando as empresas ocultam resultados de pesquisas que põem seus medicamentos em questão. O setor controla suas pesquisas e só divulga os resultados quando parece conveniente. (A Agência de Alimentos e Medicamentos está proibida de revelar os resultados que o setor disponibilize a ela, mas às vezes os dados são divulgados por pesquisadores preocupados com a saúde pública.) Regularmente, surgem notícias sobre a ocultação de resultados de pesquisas que dão a entender que certos medicamentos seriam nocivos ou ineficazes. O *Washington Post*, por exemplo, afirmou no ano passado que o medicamento Seroquel, indicado para esquizofrenia, talvez seja menos eficaz do que se proclama. É famosa a história da supressão dos estudos que revelaram os efeitos potencialmente nocivos do antiartrítico Vioxx. Dados os enormes lucros envolvidos, a retenção de dados importantes revelados pelas pesquisas é totalmente previsível.

Embora poucos economistas neguem que o monopólio das patentes de medicamentos e equipamentos médicos proporcione incentivo para atividades improdutivas, eles defendem as patentes, afirmando que elas são o preço que temos de pagar pelo financiamento da pesquisa e do desenvolvimento de novos remédios. Mas as patentes são simplesmente uma das opções para o financiamento de pesquisas, não são essenciais de modo algum. Poderíamos ampliar o financiamento público aos NIHs ou outras instituições públicas estendendo suas funções para além das pesquisas básicas, incluindo o desenvolvimento e o teste de medicamentos e equipamentos médicos. Ou então o Estado poderia contratar empresas privadas para realizar a pesquisa e o desenvolvimento e pagar antecipadamente, de modo que todos os resultados patenteáveis caíssem em domínio público. Ou, ainda, o Estado poderia elaborar um mecanismo pelo qual comprasse as patentes *a posteriori* por um valor atrelado a sua utilidade.

O Estado deverá arcar com os custos de pesquisa, seja qual for o mecanismo de financiamento público escolhido, mas é provável que esses custos sejam compensados pela economia obtida graças à equivalência entre preço e custo marginal dos remédios vendidos mediante receita. A quantidade de pesquisas sustentadas por patentes a serem substituídas seria próxima de 30 bilhões de dólares por ano, mas é quase certo que a economia conseguida em função da equivalência entre custo e preço marginal superaria os 200 bilhões de dólares anuais. Hoje em dia, essa diferença cobre os lucros e os custos de marketing. Embora os fabricantes de genéricos continuassem obtendo lucros normais com suas vendas, os lucros dos laboratórios de marca seriam muito menores se as pesquisas fossem financiadas pelo Estado.

É evidente que o financiamento público envolve o Estado na atividade de pesquisa, mas a demanda por atendimento médico já é determinada, em grande parte, pelo processo político. A maior parte dos custos de atendimento médico é paga por terceiros, sejam eles os planos de saúde, seja o Estado. Os custos não são distribuídos de acordo com a disposição de pagar de cada indivíduo. Se o Estado e os planos de saúde não forem obrigados a pagar por um medicamento, o setor farmacêutico não o desenvolverá. Uma vez que a política inevitavelmente decide quais medicamentos devem ser desenvolvidos, o Estado e os planos de saúde devem determinar se estão dispostos a pagar por um medicamento *antes* que seja desenvolvido. Desse modo, não haverá a penosa decisão sobre gastar ou não 200 mil dólares por ano com o remédio para nosso ente querido de 80 anos. Embora o cálculo ético seja semelhante, é muito mais fácil poupar centenas de milhões de dólares deixando de pesquisar um medicamento que poderá beneficiar relativamente poucas pessoas do que recusar pagar 200 mil dólares por um remédio que pode beneficiar uma pessoa real que está morrendo.

A lógica de pagar o trabalho de pesquisa antecipadamente, em vez de ligar os custos médicos a cada paciente individual, tem sentido. A mesma lógica se aplica a outros setores da assistência à saúde. A maioria dos exames de diagnóstico é cara por causa da proteção dos pacientes, e não porque os recursos efetivamente usados no processo são custosos. Uma vez desenvolvido o equipamento ou o método de exame, o valor dos recursos (trabalho e materiais) utilizados é relativamente pequeno. A sociedade deve arcar com os custos de pesquisa e desenvolvimento, mas esses custos já foram pagos no momento em que o plano de saúde decidiu custear ou não um exame para determinado paciente.

Alguns procedimentos da assistência médica são sempre caros. As cirurgias de coração, que envolvem muitas horas de trabalho de cirurgiões altamente especializados, são inevitavelmente custosas. Contudo, uma vez desenvolvidos, exames de ressonância magnética ou outros exames sofisticados para detectar várias doenças, bem como medicamentos mais eficazes para tratar o câncer, devem ser disponibilizados a um preço equivalente a seu custo marginal. A decisão difícil se refere às áreas de pesquisa nas quais investir, e não a negar um tratamento que poderia salvar uma vida e que, na realidade, custa muito pouco para a sociedade.

Quando se trata do setor de saúde, os economistas desconsideram o mantra da equivalência entre preço e custo marginal. Também se esquecem de seu compromisso com a globalização e a eliminação de barreiras comerciais.

Isso é surpreendente, pois uma das acusações mais evidentes que se pode lançar contra o sistema de saúde dos Estados Unidos é que seus custos excedem em muito aqueles do resto do mundo – sem nenhuma vantagem correspondente em termos de resultados. No Canadá, na Alemanha, na França e no Reino Unido, cada pessoa gasta com assistência médica mais ou menos metade do que se gasta nos Estados Unidos, mas em todos esses países, e em muitos outros, a expectativa de vida é maior. É difícil fazer comparações de qualidade internacionais, mas a diferença de expectativa de vida torna difícil crer que o sistema de saúde dos Estados Unidos seja qualitativamente melhor que o de outros países avançados. Uma vez que os outros países operam seus sistemas de saúde com muito mais eficácia, a economia norte-americana teria muitíssimo a ganhar com a abertura desse setor a um comércio internacional mais intenso.

O setor pode se abrir para a concorrência global de três maneiras: melhorar as oportunidades para que profissionais da medicina nascidos no estrangeiro trabalhem nos Estados Unidos; promover o "turismo médico", de modo que os norte-americanos tenham mais facilidade para se submeter a procedimentos médicos importantes em outros países; e permitir que os beneficiários do Medicare optem pelos sistemas de saúde de outros países ricos, que custam menos que os norte-americanos.

Cada um desses meios oferece imensa oportunidade de poupança para o setor de saúde e grandes benefícios para a economia em geral. E os novos arranjos podem ser estruturados de tal forma que nossos novos parceiros comerciais também colham seus frutos. Isso é especialmente importante no caso dos países em desenvolvimento: não podemos deixar que as economias que os Estados Unidos pudessem conseguir no setor de saúde tivessem como efeito dificultar o acesso à saúde dos habitantes do mundo em desenvolvimento.

Todo economista especializado em comércio deveria ter em mente a abertura dos Estados Unidos a profissionais da medicina. Os médicos norte-americanos, sobretudo os especialistas, ganham muito mais que seus iguais na Europa Ocidental e no Canadá. Isso ocorre, pelo menos em parte, porque é muito difícil para um médico – mesmo para os que atendem aos altos padrões norte-americanos – formar-se em outro país e trabalhar nos Estados Unidos. O processo de credenciamento atua como uma barreira comercial.

E se o governo procurasse remover as barreiras para os médicos estrangeiros do mesmo jeito que buscou, por meio do Nafta, remover as barreiras para os produtos importados fabricados no México? As tarifas baixas são apenas uma parte da história; para a maioria das mercadorias, as tarifas já eram baixas. A grande inovação do Nafta foi promover a transferência de fábricas para o México a fim de exportar sua produção de volta para os Estados Unidos. Os negociadores norte-americanos sentaram-se à mesa com executivos das indústrias e lhes perguntaram sobre os obstáculos ao estabelecimento de fábricas no México. Depois, negociaram um tratado que removesse esses obstáculos.

Do mesmo modo, as autoridades do comércio norte-americano podem se sentar com os representantes dos grandes hospitais e lhes perguntar o que os impede de contratar médicos do México, da Índia e de outros países em desenvolvimento a um salário muito mais baixo que o dos médicos nascidos nos Estados Unidos. Alguns impedimentos são evidentes. O hospital não pode contratar um médico estrangeiro por um salário muito abaixo do mercado sem antes contratar um cidadão norte-americano ou um portador de visto permanente por um salário de mercado. Seria fácil eliminar essa barreira protecionista. Afinal de contas, o argumento econômico em favor da contratação de médicos estrangeiros dispostos a trabalhar por um salário menor que o de seus homólogos norte-americanos é idêntico ao argumento em favor da compra de uma roupa feita no estrangeiro e mais barata do que aquela produzida nos Estados Unidos. Os benefícios para o consumidor são patentes tanto em um caso como no outro.

O passo seguinte seria o estabelecimento de padrões internacionais de formação e credenciamento. Os médicos poderiam passar por exames em seu país natal por entidades credenciadas pelos Estados Unidos, a fim de verificar se atendem ou não a esses padrões. Feito o exame, muitos teriam oportunidade idêntica à de um cidadão norte-americano de trabalhar nos Estados Unidos. Um rapaz criado na Cidade do México ou em Pequim teria a mesma oportunidade de trabalhar como neurocirurgião nos Estados Unidos que um rapaz criado em Long Island.

Os especialistas mais bem pagos ganham, em média, mais de 250 mil dólares por ano, mesmo com o desconto referente ao seguro contra imperícia profissional. Muitos médicos formados fora dos Estados Unidos achariam essas condições atraentes, mesmo que ganhassem 100 mil dólares por ano. A abertura da prática da medicina à competição estrangeira permitiria o mesmo tipo de ganho comercial que obtivemos com a abertura do comércio de roupas e produtos têxteis. A única diferença é que, a cada ano, gastamos muito mais com médicos do que com roupas.

Além disso, poderíamos impor uma estrutura de taxação aos médicos estrangeiros que trabalhassem nos Estados Unidos. O dinheiro seria usado para compensar o país natal deles pelo custo de sua formação. Isso seria comparável ao sistema de pagamento dos empréstimos estudantis baseado na renda, instituído no Reino Unido. É quase certo que um tributo de 10 por cento, por exemplo, seria suficiente para promover a formação de dois ou mais médicos na maioria dos países em desenvolvimento. Garantiria também aos países cujos médicos migrassem para os Estados Unidos a melhora da qualidade de sua assistência médica interna.

A abertura do fornecimento de serviços médicos pode produzir outras situações em que todos saem ganhando. Uma delas já existe, mas não é supervisionada pelo Estado: o turismo médico. Em certos países em desenvolvimento, como a Tailândia e a Índia, há instalações que permitem realizar muitos procedimentos a um custo bem mais baixo do que o vigente nos Estados Unidos. No caso de alguns desses procedimentos, o dinheiro economizado compensa facilmente o custo das passagens aéreas e da hospedagem para o paciente e seus familiares. Essas instalações são projetadas para atender aos padrões ocidentais de segurança; em muitos casos, são equipadas com o material mais moderno que existe.

O turismo médico cresce com rapidez e só uma reformulação total do sistema de saúde norte-americano poderá detê-lo. Os que fazem a política norte-americana devem aproveitar esse fato, em vez de ignorá-lo. Para favorecer a expansão do turismo médico, poderiam credenciar hospitais em outros países para garantir a qualidade da assistência prestada e estabelecer diretrizes de responsabilidade civil em caso de erro médico ou outras questões. Os planos de saúde poderiam firmar contratos com hospitais do mundo em desenvolvimento e oferecer grandes descontos aos pacientes que optassem pela realização de procedimentos importantes nesses hospitais. Alguns planos de saúde já oferecem essa opção, mas o processo avançaria muito mais depressa se fossem montadas estruturas institucionais e jurídicas adequadas.

O governo norte-americano também poderia insistir para que os países em desenvolvimento instituíssem tributos sobre o turismo médico. Essa arrecadação seria usada para melhorar seus próprios sistemas de saúde. É claro que será difícil forçar um governo estrangeiro a se comprometer com a melhora da assistência médica a seus cidadãos se ele também não sofrer pressão interna. Todavia, mediante acordos formais, é mais provável que parte da arrecadação do turismo médico seja empregada dessa maneira.

Por fim, por que não permitir que os beneficiários do Medicare usem o sistema de saúde de outros países? Dezenas de milhões de beneficiários atuais ou futuros do Medicare têm estreitos vínculos familiares ou emocionais com países nos quais o sistema de saúde é mais eficiente. Atualmente, porém, os beneficiários desse sistema de saúde que mudam para esses países não podem usá-lo lá para ter assistência médica. São obrigados a arranjar por conta própria outros meios de cuidar da saúde. Os aposentados já pagaram grande parte dos benefícios do Medicare por meio do que lhes era descontado enquanto estavam trabalhando. Parece razoável que eles possam aplicar o valor desse benefício no país em que decidirem morar, seja ele qual for.

Como incentivo, o governo norte-americano poderia oferecer um bônus aos países que permitissem aos beneficiários do Medicare receber atendimento pelo seu sistema de saúde – um bônus de 10 por cento, digamos, acima do custo médio da assistência médica por pessoa naquele país. Os beneficiários do

Medicare e o governo norte-americano poderiam dividir a quantia economizada, que seria substancial. Um beneficiário que mudasse para a Holanda ou o Reino Unido em 2010, por exemplo, provavelmente embolsaria quase 2 mil dólares por ano. A quantia cresceria com o tempo, sobretudo ao se confirmarem as previsões de aumento dos custos da assistência médica nos Estados Unidos. Em 2040, um beneficiário já estaria embolsando mais de 8 mil dólares por ano (em dólares de 2009) se optasse pelo sistema de saúde de um país da Europa Ocidental. Em 2080, a economia anual poderia chegar a 30 mil dólares (também em dólares de 2009).

Essa opção permitiria que maior número de aposentados beneficiários do Medicare gozasse de uma aposentadoria mais confortável e geraria enorme poupança para o Estado norte-americano. Para garantir o controle de qualidade e dar a países em desenvolvimento, como o México, um incentivo para incrementar seus sistemas de saúde, o programa poderia exigir que em todos os países candidatos a expectativa de vida fosse maior do que nos Estados Unidos. Todos os países da Europa Ocidental e alguns da Europa Oriental já estariam automaticamente qualificados. Até a Jordânia poderia participar.

É claro que o objetivo não é que os norte-americanos fiquem peregrinando em busca de assistência médica. Devemos, isto sim, reformular o sistema de saúde norte-americano para que ele proporcione assistência de qualidade a um preço razoável. Enquanto isso, uma política correta aproveitaria as potenciais vantagens do uso de sistemas de saúde estrangeiros eficientes. Além disso, a concorrência provavelmente aumentaria a pressão pela reforma, evidenciando a ineficiência do sistema norte-americano. E o mercado global de serviços médicos pressionaria para baixo o preço desses serviços nos Estados Unidos. Se a diferença entre o custo de complexos procedimentos médicos efetuados nos Estados Unidos e o daqueles realizados em outros países continuar crescendo, é possível que pouca gente os faça nesse país. Especialistas extremamente bem pagos terão de aceitar salários mais baixos, ou terão menos trabalho. A mesma lógica se aplica a outras áreas de alto custo do sistema de saúde norte-americano.

Os economistas, que muitas vezes mostram-se lamentavelmente dogmáticos ao estender princípios da economia a contextos aos quais não se aplicam, comportam-se de maneira oposta quando o debate é sobre o sistema de saúde: eles não enaltecem seus princípios mais básicos em uma arena em que poderiam oferecer enormes ganhos potenciais. Os economistas deveriam agir como economistas ao abordar a assistência médica, na qual os benefícios da equiparação entre o preço e o custo marginal são ainda maiores do que no caso de roupas ou automóveis. E os ganhos não são somente econômicos. Muitas escolhas difíceis criadas pelo sistema atual deixarão de existir se os pacientes e suas famílias tiverem de pagar somente o custo marginal – o custo real para a sociedade – dos procedimentos e tratamentos médicos.

Do mesmo modo, o compromisso dos economistas com o livre comércio não deve parar na porta do hospital. A globalização oferece grandes oportunidades: permite que os norte-americanos fujam de um sistema de saúde falido e gera novas pressões para reformulá-lo. Podemos estruturar arranjos que garantam benefícios também a nossos parceiros comerciais.

Apesar da má gestão dos mercados nos últimos anos, a ciência econômica ainda é segura e eficaz. As políticas de saúde bem poderiam empregar uma dose dela.

3
A teoria dos grandes bancos

Os banqueiros de Wall Street, como os demais participantes do setor financeiro, gostam de bancar os capitalistas ferrenhos. Combatem sem trégua a concorrência com uma das mãos e a opressiva burocracia estatal com a outra. Na realidade, porém, o setor financeiro depende profundamente do Estado. Longe de serem os tipos arrojados e independentes que gostariam de ser, mais parecem adolescentes bem-vestidos e mimados.

A dependência desse setor assume cinco formas principais:

1. a rede de segurança explícita proporcionada pelo sistema estatal de garantia dos depósitos bancários;

2. a rede de segurança implícita proporcionada pelo princípio do "grande demais para falir";

3. o privilégio especial de ser o único cassino livre de impostos;

4. o incentivo a assediar os governos estatais e locais a fim de prestar-lhes serviços financeiros;

5. o direito de mudar *a posteriori* os termos de um contrato.

Essas formas de dependência são profundamente arraigadas e, apesar de fortes protestos em contrário, a separação entre o Estado e o setor financeiro na realidade não está no programa. O setor quer ser regulamentado pelo Estado, mas não de um modo que tenha seus lucros reduzidos. Como já vimos, a questão não é e nunca foi uma oposição entre o livre mercado e a regulamentação governamental. A verdadeira questão da regulamentação financeira é saber se ela será estruturada de um modo que promova o interesse público ou permita que o setor financeiro prospere à custa de todos nós.

Talvez a reforma financeira mais importante resultante da Grande Depressão tenha sido o fundo garantidor de depósitos do governo federal. É supervisionado pela Federal Deposit Insurance Corporation (FDIC – Corporação Federal de Seguro de Depósito), que protege os bancos das corridas como as que causaram as falências bancárias naquela época.

Em geral, os bancos mantêm em reserva somente pequena parcela dos depósitos de seus clientes e, mesmo nesse caso, emprestam a maior parte desse dinheiro a juros. Essa prática é razoável, pois é improvável que todos os clientes queiram retirar seu dinheiro ao mesmo tempo. De fato, a cada dia, a quantidade de dinheiro depositado equivale aproximadamente ao que é retirado.

Porém, se os depositantes começam a se preocupar com a saúde do banco, podem correr para retirar seu dinheiro. Os que chegarem primeiro conseguirão. Os que chegarem depois terão menos sorte, visto que as reservas do banco já estarão esgotadas. Assim, antes da garantia federal de depósitos, as corridas ao banco eram a reação lógica ao temor de falência.

A FDIC mudou completamente essa lógica. Como garante os depósitos bancários, os depositantes deixaram de correr para o banco para fazer a retirada, pois sabem que seus depósitos (até o montante garantido) estão a salvo. Ela emprestou enorme estabilidade ao sistema, e os benefícios são partilhados tanto pelos bancos como pelos seus clientes. A garantia estatal, entretanto, significa que o mercado não deve adotar a atitude padrão contra condutas arriscadas. Em geral, o banco que faz empréstimos de risco precisa oferecer juros altos, a fim de acalmar os depositantes temerosos de perder seu dinheiro. Mas, se ele tem a garantia do Estado, os depositantes não precisam se preocupar com a perda de seu dinheiro caso os empréstimos feitos pelo banco não sejam pagos. Ou seja, a garantia estatal permite que os bancos consigam depósitos a juros relativamente baixos e mesmo assim ofereçam empréstimos de risco. Se o banco estiver com problemas financeiros e não precisar pôr em jogo seu próprio capital, o incentivo ao risco será ainda maior. E os clientes, cobertos pela garantia dos depósitos, não terão motivo para se preocupar com a saúde financeira do banco, mesmo que este sofra grandes perdas e tenha de sair do mercado.

O Estado, que oferece a garantia, tem a obrigação de regulamentar ativamente as instituições garantidas, para que elas não tirem vantagem da proteção oferecida pela FDIC. A reação do governo à crise das instituições de poupança e empréstimos (Savings and Loans – S&Ls), na década de 1980, é um exemplo clássico do que pode acontecer quando o Estado ignora essa responsabilidade reguladora. Em meados daquela década, milhares de instituições de poupança e empréstimos estavam, na prática, insolventes. Em vez de fechá-las – reação habitual no caso de bancos insolventes –, o governo Reagan estimulou-as a negociar para recuperar a solvência. É claro que muitas dessas instituições incorreram em grandes riscos com os depósitos garantidos pelo Estado. Na verdade, ostentavam o acesso que tinham à garantia de depósitos oferecendo taxas de juros mais altas que a concorrência, a fim de atrair mais dinheiro e crescer mais rápido. O resultado foi que as perdas mais que quadruplicaram no decorrer da década e acabaram custando aos contribuintes mais de 120 bilhões de dólares (190 bilhões no dinheiro de hoje).

A história das instituições de poupança e empréstimos não está ligada ao livre mercado. Foi, isto sim, um assalto dos bancos aos contribuintes. Eles não estavam apenas roubando, estavam explorando o sistema de garantia de depósitos, tornando o Estado cúmplice de seus atos. A lição é simples: se o Estado garante os depósitos do banco, também tem o dever de regulamentá-lo. Quando o Estado oferece garantias sem supervisionar, os bancos incorrem em grandes riscos à custa do contribuinte.

Além de controlar as manobras arriscadas dos bancos garantidas pela FDIC, o Estado deve impor exigências mínimas de reserva de capital. Juntas, essas salvaguardas asseguram que os acionistas do banco sejam os primeiros a sofrer as perdas. Só assim eles tentarão impedir que o banco faça apostas demasiado arriscadas.

A manutenção de um nível mínimo de capital é uma tarefa reguladora difícil. Em um momento qualquer, os bancos possuem ampla variedade de empréstimos em seus livros. Alguns desses empréstimos podem valer apenas uma fração de seu valor original, como é o caso, atualmente, de muitas hipotecas comerciais e residenciais. Em princípio, os bancos devem registrar a queda de valor desses empréstimos, de modo que seus livros contábeis expressem com precisão a evolução de seus lucros e seus balancetes reflitam o patrimônio real da instituição. Entretanto, há pouco incentivo para que os bancos registrem a desvalorização de um empréstimo antes que seja absolutamente necessário – mostrar uma perda em seus livros é ruim para o preço das ações e para os bônus dos executivos. O atraso no registro da desvalorização também permite que distorçam as informações sobre seu capital. Se um banco tem perdas equivalentes a 10 por cento de seus ativos (a exigência padrão de reserva de capital), isso significa que na realidade ele não detém capital nenhum: uma contabilidade exata mostraria que as perdas eliminam os ativos. Os bancos só revelarão o verdadeiro valor de seus empréstimos malogrados se sua conduta for continuamente supervisionada.

Um banco garantido deve ser regulamentado, não há como evitá-lo. O banco não regulamentado, mas garantido pelo governo, está autorizado a espoliar os contribuintes. Infelizmente, muitos bancos têm essa autorização. As recentes mudanças que permitem aos bancos usar o conceito de "valor justo" (*fair value*), em lugar do valor de mercado, para avaliar seus ativos, em especial, habilitam-nos a ocultar grandes perdas.

Alguns dizem que, uma vez que os bancos pagam pela garantia dos depósitos, ela não é um subsídio e, portanto, não deve ser regulamentada. Isso é verdade em tempos normais, mas não em casos extremos, como na época da crise das instituições de poupança e empréstimos, e é muito provável que não seja verdade na crise atual. Porém, mesmo em tempos normais, quando a garantia da FDIC não funciona como subsídio, o sistema precisa ser regulamentado. Se o Estado se recusa a regulamentar e continua oferecendo a garantia, como fez com as instituições de poupança e empréstimos e continua fazendo agora, em certa medida, ao permitir a contabilidade segundo o "valor justo", as perdas e, portanto, o custo do seguro de garantia tendem a subir vertiginosamente. Os membros do setor que se preservam de grandes riscos pagam o preço da conduta arriscada de outros membros e, no fim das contas, o sistema de garantia perde toda a utilidade, como ocorreu com as instituições de poupança e empréstimos.

Mesmo que a garantia dos depósitos seja oferecida por instituições privadas, como ocorre em alguns países, o envolvimento do Estado ainda é necessário. Todo sistema de garantia que cubra grande parcela dos depósitos de um país conta com o apoio implícito do Estado em caso de crise. Ninguém acreditaria que o Estado deixaria uma seguradora privada ir à ruína caso a falência simultânea de muitos bancos a deixasse insolvente. A seguradora privada atuaria com uma garantia implícita do Estado. Para impedir os abusos, essa garantia tem de vir de mãos dadas com a regulamentação.

A FDIC OFERECE AOS BANCOS UMA REDE de segurança explícita. Muitas grandes instituições também contam com uma rede de segurança implícita, porque são grandes demais para falir (GDPF). Essa rede de segurança lhes permite tomar dinheiro emprestado (além dos depósitos garantidos) a juros mais baixos do que seria possível em outras circunstâncias, pois os credores sabem que o Estado cobrirá os empréstimos da instituição se necessário.

A garantia implícita do GDPF tornou-se explícita na crise atual: o Estado entrou em cena para pagar os credores quando o Bear Stearns, a Fannie Mae, o Freddie Mac e o AIG caíram na insolvência. Ele não tinha obrigação legal de honrar nenhuma dívida contraída por essas empresas. Justificou a intervenção afirmando que sua omissão, nesse caso, acarretaria graves danos ao sistema financeiro e à economia.

Essa garantia se estende para muito além da lista de instituições falidas. É quase certo que o Citigroup e o Bank of America teriam ficado insolventes se o Estado não houvesse tomado medidas extraordinárias para apoiá--los no fim de 2008 e começo de 2009. Mesmo agora a situação deles é questionável, visto que centenas de bilhões de dólares de seus ativos "podres" são garantidos pelo Estado. O Troubled Asset Relief Program (TARP – Programa de Alívio a Ativos Problemáticos), de 2008, associado ao acesso a um programa especial de garantia de empréstimos da FDIC e a empréstimos oferecidos pela Federal Reserve, manteve vivas diversas outras instituições financeiras grandes e problemáticas durante os piores meses da crise financeira.

Em outras palavras, a garantia implícita do GDPF é real. Depois de permitir o colapso do imenso banco de investimentos Lehman Brothers, o governo praticamente prometeu que não deixaria nenhuma outra grande instituição financeira naufragar. As demais grandes instituições financeiras levaram a sério essa promessa.

O que há de errado nisso? Como os emprestadores sabiam que seus empréstimos ao

Goldman Sachs, ao Citigroup, ao Morgan Stanley e a outros gigantes estavam, na prática, garantidos pelo Estado, ofereceram a essas empresas taxas de juros bem mais baixas do que aquelas oferecidas a bancos menores. Embora as grandes instituições financeiras sempre consigam captar recursos a um custo um pouco inferior ao das instituições pequenas, a diferença entre o custo dos empréstimos para os bancos pequenos e os grandes cresceu em meio ponto percentual depois do colapso do Lehman. Multiplicado pelos ativos dessas instituições, o acréscimo representa um subsídio de 33 bilhões de dólares por ano a expensas das instituições pequenas.

Não há motivo para deixar os bancos crescerem até se tornarem GDPF. Em geral, as pesquisas sobre o tamanho e a eficiência do setor bancário mostram que todas as economias de peso podem se concretizar plenamente com ativos de cerca de 50 bilhões de dólares

– um vigésimo do tamanho dos maiores bancos norte-americanos. O fato de os bancos terem crescido muito mais do que isso nos Estados Unidos e em outros países pode ser um indício das vantagens conferidas pelo maior poder de mercado, pelo poder político e, por que não, pelo próprio subsídio atrelado ao princípio do GDPF.

Subsidiar as maiores instituições financeiras em detrimento de seus concorrentes menores não é uma política de livre mercado. Duas alternativas poderiam resgatar o equilíbrio: a segmentação dos grandes bancos, de modo que não se enquadrem mais na categoria dos GDPF; ou a imposição de multas reguladoras, como a exigência de uma porcentagem maior de reserva, que compensem em certa medida as vantagens da garantia do GDPF. Se alguns bancos se desmembrarem voluntariamente em unidades menores para evitar a multa, saberemos que o tamanho desta é equivalente ao subsídio implícito garantido pelo princípio do GDPF.

Vamos supor que o estado de Nevada renunciasse ao imposto de 6,75 por cento sobre as rendas de jogo de um único cassino de Las Vegas. Mesmo que o cassino prometesse mais vantagens aos jogadores, ele ainda teria uma margem de lucro maior. As instituições financeiras de Wall Street gozam essencialmente desse privilégio: lucram com o jogo sem ter de arcar com os tributos que incidem sobre outras formas de jogo.

É claro que nem todo investimento é um jogo, mas a maioria das operações de curto prazo, que compõem a maior parte do volume da bolsa, são comparáveis. Ganhar ou perder uma aposta em um contrato futuro de petróleo ou em um CDS depende, em grande medida, do acaso. O estudo pode até ajudar os operadores de Wall Street a fazerem apostas informadas, mas auxilia também aqueles que apostam a sério nas corridas de cavalos. O apostador que conhece os riscos não deixa de ser um apostador. Não obstante, quem aposta nos cavalos paga de 3 a 6 por cento de impostos sobre sua aposta, ao passo que os apostadores de Wall Street não pagam nada.

Uso a sério os termos "jogo" e "aposta". O jogo pode até trazer vantagens ao jogador, mas não beneficia em nada a economia. Se ele ganhar – caso de um hábil jogador de pôquer, por exemplo –, estará simplesmente tirando dinheiro dos outros sem acrescentar riqueza à economia. Os ganhos nas operações de curto prazo são semelhantes.

Um investidor de longo prazo, por sua vez, tem o direito de afirmar que está fornecendo capital a empresas que fazem aumentar a riqueza da sociedade. E um investidor de longo prazo bem-sucedido, como Warren Buffet, pode citar muitos casos em que seu capital possibilitou o crescimento de empresas. Essas empresas, presumivelmente, fornecem produtos e serviços de que a sociedade precisa e criam empregos. É claro que existem casos em que o crescimento de uma empresa pode não ser benéfico para a sociedade como um todo, mas isso não anula o fato de que o investimento de longo prazo tem o potencial de beneficiar a economia pela geração de riqueza.

As especulações de curto prazo tendem a não ter esse efeito. Exemplo: se um especulador acerta a aposta de que os contratos futuros de petróleo vão se valorizar, ele abocanha parte do ganho que em outra circunstância caberia ao produtor, que poderia ter vendido seu produto a um preço mais alto. Ao mesmo tempo, o especulador terá provavelmente imposto um custo adicional ao comprador (quer o usuário final, quer outro especulador), que provavelmente deverá pagar um preço maior, no futuro, do que teria pagado se o especulador não tivesse atuado no mercado.

Os especuladores podem ajudar a estabilizar os mercados, forçando um ajuste mais rápido dos preços. Mas aqueles que atuam de maneira caótica e imprevisível, baseando-se principalmente em boatos e procurando prever o comportamento dos demais operadores, mais do que estudar os fundamentos da oferta e da procura, impõem um custo à economia, na medida em que afastam os preços do nível sugerido pelos fundamentos, desestabilizando os mercados. Fazem que emitam os sinais errados. Se uma especulação sem fundamento força a valorização dos contratos futuros de petróleo, é possível que os produtores de petróleo comecem a perfurar poços em áreas em que não conseguirão arcar com os custos de extração quando os preços voltarem ao normal. As empresas petrolíferas sofrerão perdas, e a economia como um todo desperdiçará recursos.

Não é fácil distinguir o investimento caótico daquele baseado em uma avaliação dos fundamentos do mercado. Mas, em regra, as operações de curto prazo se inserem com mais frequência que as de longo prazo, na categoria de especulação caótica.

Se o governo quisesse igualar as condições de operação para todos os cassinos, poderia impor um tributo modesto sobre cada transação financeira. Esse tributo afetaria de modo desproporcional as especulações caóticas, uma vez que os operadores de curto prazo fazem mais transações do que os investidores de longo prazo. Do mesmo modo, o tributo poderia levar a mercados mais eficazes. Menos recursos seriam desperdiçados na realização das transações financeiras que efetivamente dão apoio à economia real. Além disso, os preços passariam a refletir mais de perto os fundamentos do mercado.

Apesar de ser promovido por alguns dos economistas mais importantes do mundo, como James Tobin e Joseph Stiglitz, que ganharam o prêmio Nobel, o tributo sobre as transações financeiras não entrou na pauta do Congresso norte-americano. Propostas nesse sentido têm sido apresentadas com mais frequência depois do plano de socorro oferecido pelo Estado em 2008, mas o setor financeiro tomou medidas enérgicas para esmagar toda e qualquer discussão séria acerca de um tributo que incida sobre cada transação financeira.

O Estado e os governos locais precisam de ampla variedade de serviços financeiros. Os grandes operadores do setor financeiro sabem disso e promovem seus produtos junto a autoridades estaduais e locais que, na maioria das vezes, não têm o menor conhecimento sobre os serviços que estão adquirindo.

Sob diversos aspectos, o marketing de serviços financeiros é semelhante ao processo de obtenção de contratos junto ao Ministério da

Defesa: os sistemas de licitação e contrato em geral são secretos e os produtos e serviços não são padronizados, o que dificulta a comparação de preços. Nesse contexto, as conexões políticas são importantíssimas – com frequência determinam qual proposta ganha o contrato. Assim como as empresas do setor de defesa gastam grandes quantias com lobistas que possuem vínculos estreitos com membros importantes do Congresso ou do *establishment* militar, o setor financeiro também gasta grandes quantias desenvolvendo vínculos estreitos com as principais autoridades dos governos estaduais e locais. Esses governos contratam empresas do setor financeiro para gerir seus fundos de pensão, financiar investimentos de longo prazo como a construção de escolas e estradas, e até controlar o fluxo de caixa e a arrecadação de impostos. Essas atividades terceirizadas oferecem ao setor financeiro amplas oportunidades de lucro e estimulam a corrupção.

O valor atual dos fundos de pensão estaduais e locais é de 2,4 trilhões de dólares, com taxas de administração e custos de transação de 1 a 2 por cento desse valor, em média, por ano. A renda gerada por esses fundos para o setor financeiro varia entre 25 bilhões e 50 bilhões de dólares por ano, em sua maioria custeados pelos contribuintes. As autoridades encarregadas de administrar as pensões poderiam simplesmente pôr seu dinheiro em um grande fundo de índice, como o Vanguard, cuja carteira de ações segue de perto a variação geral da bolsa. O custo administrativo da aplicação nos principais fundos de índice da Vanguard é, em geral, de 0,15 por cento ao ano; a diferença do custo da gestão do dinheiro para os governos estaduais e locais ficaria entre 20 bilhões e 45 bilhões de dólares por ano.

O setor também obtevê remunerações substanciais vendendo aos governos estaduais e locais produtos financeiros complexos e inadequados para o setor público. Em geral, quando um governo estadual ou local pretende financiar um projeto de grande vulto, emite um título de longo prazo com taxa de juros fixa para um período que varia, digamos, entre 10 e 30 anos. Desse modo, consegue acumular gradativamente o dinheiro necessário para pagar sua dívida. Nos últimos dez anos, porém, vários grandes bancos de investimentos ganharam muito dinheiro vendendo títulos ARS (*auction-rate securities*) ao poder público.

Em vez de oferecer uma taxa fixa de juros a longo prazo, o título ARS divide esse período mais longo em uma série de empréstimos de curto prazo, em geral com duração de 30 a 90 dias. O que ocorre é que, no fim de cada período, o título é refinanciado para o próximo período. A lógica está no fato de que a taxa de juros de curto prazo é, em geral, menor que a taxa de juros de longo prazo, de modo que o título financiado por meio de empréstimos sucessivos de 30 a 90 dias tende a acarretar um pagamento menor de juros do que os títulos de 10 ou 30 anos.

Em 2003, o J. P. Morgan Chase usou esse argumento para vender títulos ARS à administração do condado de Jefferson, no Alabama. Pagou, além disso, uma propina de 235 mil dólares para Larry Langford, que na época era presidente da Comissão do Condado. Quando as taxas de juros subiram, elevando o custo dos empréstimos garantidos por títulos ARS, o J. P. Morgan tentou cobrar uma multa de 647 milhões de dólares do condado para livrá-lo do contrato. Uma vez que a propina veio a público e levou à condenação criminal do senhor Langford, o condado de Jefferson conseguiu subtrair-se ao contrato sem ter de pagar a multa rescisória.

A diretoria de ensino de Erie, na Pensilvânia, fez um negócio semelhante com o J. P.

Morgan. Em 2003, foi persuadida a vender instrumentos derivativos complexos chamados *swaptions* em troca da promessa de receber 750 mil dólares adiantados a serem aplicados na reforma de escolas. O *swaption* é, em essência, uma aposta sobre a flutuação das taxas de juros, na qual quem assume o risco é o vendedor. Três anos depois, quando as taxas de juros sofreram uma variação inesperada, a diretoria de ensino de Erie precisou pagar 2,9 milhões de dólares ao J. P. Morgan para se livrar de seus compromissos. Na Pensilvânia, 107 diretorias de ensino acabaram se envolvendo no negócio dos *swaptions*.

Esse tipo de negócio se tornou habitual para o J. P. Morgan e outros grandes bancos, que ganharam bilhões de dólares em taxas para vender instrumentos derivativos ao poder público. Em muitos casos, as taxas têm pouco ou nada a ver com o mercado. As grandes instituições financeiras estão tirando proveito do poder público e, logo, do contribuinte. Não se sabe se alguma das propostas de reforma que estão sendo apreciadas pelo Congresso conseguirá pôr fim a essa prática.

Na vida cotidiana, em geral travamos relações comerciais que apresentam características de contratos de longo prazo. A maioria das famílias tem, por exemplo, serviços de telefone e televisão a cabo, pelos quais pagam mensalmente. Os fornecedores de serviços podem mudar os termos desses contratos, e com frequência o fazem. No caso das companhias telefônicas, das emissoras de televisão e de outros serviços regulados pelo poder público, é comum que as mudanças nos termos dos contratos devam ser aprovadas por uma agência reguladora, a qual por sua vez, em geral, exige que os consumidores sejam claramente notificados. Essa regulamentação não existe para o setor financeiro.

Hoje em dia, boa parte da renda do setor financeiro provém de taxas e multas cobradas de clientes que atrasaram o pagamento do cartão de crédito ou retiraram mais dinheiro do que tinham na conta corrente. Calcula-se que, em 2009, os bancos ganharão 38,5 bilhões de dólares em taxas de sobrerretirada em cartões de débito e no cheque especial, e outros 20,5 bilhões de dólares em multas de cartões de crédito. Em 2007, essas taxas e multas representaram quase 20 por cento dos lucros obtidos pelo setor antes de computado o pagamento de impostos.

Muitas vezes, os clientes ou não sabiam das taxas ou não tinham ideia de quanto elas seriam pesadas. É frequente que sejam cobradas taxas sobre as quais eles não foram claramente notificados. Na época atual, é prática padrão dos bancos, por exemplo, fornecer proteção contra a sobrerretirada em cartão de débito, por meio da qual eles cobrem o custo de uma compra mesmo que esta exceda o saldo disponível na conta do cliente. O valor da taxa se situa, em geral, entre 6 e 10 dólares, de modo que o usuário pode ter de pagar uma sobretaxa de 6 dólares para tomar uma xícara de café de 2 dólares. Como pouca gente faria essa compra se conhecesse a taxa envolvida, é evidente que o banco conta com a falta de conhecimento do cliente a respeito dela. As leis aprovadas pelo Congresso em 2009 exigem a clara notificação das taxas cobradas sobre o cheque especial e os cartões de crédito e débito, embora tenha facultado aos bancos um período de "adaptação" de nove meses, durante os quais podem manter a prática atual.

Antes dessa legislação, o setor financeiro tinha sinal verde para mudar de modo unilateral os termos de contratos de longo prazo, acarretando custos imensos para seus clientes. A notificação de mudança se realizava, por exemplo, por meio de uma breve carta ou de um parágrafo incluído em propagandas e outros comunicados e escrito em uma linguagem que pode confundir quem não tem familiaridade com finanças. O Estado tolera esse tipo de fraude em poucos outros setores, se é que tolera. Não há razão – a não ser o poder do setor financeiro – para que os aumentos das taxas ou as mudanças dos termos dos contratos de cartão de crédito ou conta corrente sejam menos claros do que as notificações exigidas das empresas de utilidade pública.

A legislação recente deveria restringir a liberdade dos bancos de mudar os termos de seus contratos de modo enganoso e aleatório. Embora o setor bancário e seus aliados entendam isso como uma ingerência do Estado, em outros setores da economia as partes não costumam ter a faculdade de mudar unilateralmente os contratos. O Congresso está apenas tentando restaurar o direito contratual habitual para o setor.

Por mais insólitas que pareçam as taxas e multas cobradas pelos bancos, em matéria de excepcionalidade elas nem sequer chegam perto da reforma da lei de falências, cuja aprovação pelo Congresso norte-americano o setor garantiu em 2005. O objetivo principal da nova lei era dificultar às pessoas reduzir ou eliminar suas dívidas por meio de falência. O setor conseguiu caracterizar os defensores da lei como reforçadores dos contratos, ao passo que seus opositores supostamente queriam eximir os devedores pegos em uma maré de azar.

Mas os credores, que tinham avaliado de modo incorreto os riscos de crédito, também podiam ser acusados de recorrer ao Estado para ajudá-los a cobrar o que lhes era devido. Os bancos provavelmente compreenderam, desde o início, o risco que corriam ao fazer certos empréstimos. A função deles é exatamente distinguir as boas opções de crédito das más. Uma instituição financeira que seja incapaz de fazer essa distinção está alocando capital de maneira errada. Seria um benefício para a economia se ela saísse do mercado.

A reforma da lei de falências, porém, caminhou no sentido contrário. Envolveu o Estado ainda mais profundamente no processo de cobrança de dívidas, aumentando assim o valor dos maus empréstimos fornecidos pelos bancos e outros prestamistas. A nova lei não se aplicou somente às dívidas contraídas depois de 2005; ao contrário, teve efeito retroativo. Os devedores que haviam contraído empréstimos por meio do cartão de crédito, de acordo com determinado conjunto de regras de falência, viram-se diante de regras diferentes e mais rígidas ao enfrentarem dificuldades econômicas. Mais uma vez, não há nada de livre mercado nessa história. Trata-se de uma transferência de riqueza dos devedores para os credores – mais um caso em que os bancos usaram seu poder político para atropelar os resultados sugeridos pelas leis de mercado.

O DEBATE SOBRE A REGULAMENTAÇÃO DO setor financeiro foi gravemente distorcido. O Estado precisa se envolver diretamente nas operações desse setor, não só por meio da garantia dos depósitos – um envolvimento evidente –, como também de muitas outras maneiras. Nesse debate, ninguém defende a sério o fim da regulamentação estatal. Os advogados do setor financeiro querem o fim ou o enfraquecimento daquelas regulamentações que diminuem seus lucros, mas não estão dispostos a aceitar a eliminação dos apoios estatais que sustentam seu lucro e sua sobrevivência.

O debate deve voltar aos termos corretos: a questão é a melhor maneira de estruturar a regulamentação, e não a oposição entre regulação e mercado. Quais regulamentações estruturam o setor financeiro de modo que ele sirva à economia como um todo? Isso significa incentivar o setor a servir melhor aos clientes e investidores, e não a espoliá-los. A formulação de contratos enganosos não deve proporcionar grandes retornos. A especulação de curto prazo também não pode ser o meio mais eficaz de enriquecimento.

Nas três décadas seguintes à Segunda Guerra Mundial, a economia prosperou com um setor financeiro que, proporcionalmente, tinha um quarto do tamanho atual. Não há motivo para que esse setor abocanhe hoje uma porção maior dos recursos da economia do que há trinta anos. Uma regulamentação eficaz fará com que volte ao papel que lhe cabe na economia.

4
Uma economia para todos

Os progressistas se encurralaram ao aceitar um debate político em que eles estão de um lado e o mercado está do outro. Essa perspectiva, além de ser essencialmente errônea, tampouco é uma boa estratégia política. Eles precisam perceber que o "fundamentalismo de mercado" não existe. O que provocou a concentração de renda e riqueza, nos últimos trinta anos, não foi o funcionamento natural do mercado, mas uma reestruturação conservadora da economia. Os progressistas devem mostrar sempre a maneira como os conservadores usam o Estado para obter os resultados que eles desejam. Por outro lado, embora devam apoiar as intervenções estatais necessárias para igualar as oportunidades, não devem encarar a maior ingerência do Estado como um fim em si. A ideia dos burocratas do governo de controlar grandes setores da economia e da vida dos indivíduos não repercute bem entre os norte-americanos.

A reflexão clara sobre os papéis do Estado e do mercado pode conduzir os progressistas a direções inesperadas. As melhores soluções com frequência envolvem uma participação maior do mercado. É essa, sem dúvida, a situação dos medicamentos vendidos mediante receita: os monopólios de patentes concedidos pelo Estado tornaram caríssimos, para os consumidores, produtos intrinsecamente baratos. O resultado é exatamente aquele que a teoria econômica prevê: busca de privilégios e corrupção em imensas doses. Acabamos pagando milhares de dólares por remédios que, em um mercado livre, custariam poucos dólares por receita. E não podemos confiar nas pesquisas nem nos nossos médicos, pois sabemos que os especialistas podem ter sido influenciados pelo dinheiro pago pelos laboratórios farmacêuticos. A solução – o arranjo econômico que favorece o bem-estar da sociedade – é, nesse caso, o livre mercado, e os progressistas deveriam apoiar de boa vontade esse caminho.

Os debates não afetam somente os resultados econômicos. A capacidade de estruturar os mercados influencia imensamente os futuros rumos da própria política. Por exemplo, políticas comerciais que colocaram os operários sindicalizados norte-americanos em concorrência direta com a mão de obra barata dos países em desenvolvimento enfraqueceram de modo bastante significativo o movimento trabalhista nos Estados Unidos. A desregulamentação dos serviços de transporte terrestre, das companhias aéreas e das telecomunicações minou alguns sindicatos muito fortes desses setores – e também seu poder político.

Em princípio, os progressistas podem criar programas políticos que não somente produzam benefícios econômicos imediatos, mas também melhorem as perspectivas da política progressista a longo prazo. O sistema de saúde é um exemplo. Se os laboratórios farmacêuticos já não contassem com o monopólio das patentes, teriam menos influência no Congresso e nas assembleias legislativas estaduais. Se os médicos enfrentassem mais diretamente a concorrência de profissionais formados em outros países, seus *lobbies* já não conseguiriam promover seus interesses com tanta eficácia. O enfraquecimento do poder econômico de um grupo também reduz seu poder político. A direita compreende muito bem esse fato básico. Os progressistas ainda precisam aprendê-lo.

Se os obstáculos políticos a uma economia que atenda às necessidades da maioria dos norte-americanos são imensos, os benefícios potenciais também o são. Depois da Segunda Guerra Mundial, os Estados Unidos experimentaram trinta anos de rápido crescimento, cujos ganhos foram amplamente partilhados. Com a instauração de políticas corretas, a economia pode voltar a esse tipo de crescimento. O desmantelamento das regulamentações que promoveram a concentração de renda e riqueza e o reaproveitamento do desperdício que as acompanhava proporcionariam ganhos reais àqueles que não tiveram acesso à riqueza nos anos de bonança.

Pensemos nisto: se a parcela do PIB aplicada em saúde caísse dos atuais 17 por cento para os 10 por cento que caracterizam os sistemas de saúde mais caros depois do norte-americano, mais de 900 bilhões de dólares por ano estariam disponíveis para ser empregados de outras maneiras. Isso significa 3 mil dólares para cada cidadão norte-americano. Os benefícios seriam análogos, embora talvez um pouco menores, se o sistema financeiro visasse mais a eficácia do que a obtenção de lucros rápidos e imensos.

Pagamos um alto preço, como país, pela guinada à direita que a política deu nos últimos trinta anos. Uma mudança de rumo comporta grandes benefícios potenciais.

AGRADECIMENTOS

Os argumentos apresentados neste livro foram aperfeiçoados por meio de inúmeras conversas que tive com amigos e colegas no decorrer dos anos. Em particular, Eileen Appelbaum, Heather Boushey, Helene Jorgensen, David Rosnick, John Schmitt e Mark Weisbrot me ofereceram muitas opiniões úteis ao longo do tempo. Deborah Chasman e Simon Waxman fizeram comentários proveitosos ao texto que escrevi e o editaram de modo extraordinário. Também merecem o crédito pela sugestão de reunir estes ensaios em um livro. Agradeço a Helene, Kiwi e Walnut pela paciência, pois lhes dei menos atenção a fim de me dedicar a este e a outros trabalhos.

IMPRESSÃO E ACABAMENTO

YANGRAF

GRÁFICA E EDITORA LTDA.
WWW.YANGRAF.COM.BR
(11) 2095-7722